NOTRE-DAME

DES MISÈRES

SANCTUAIRE FONDÉ EN 1150

PAR

SAINT ÉTIENNE D'OBAZINE

NOTICE ET MANUEL

A L'USAGE DES PÈLERINS

MONTAUBAN

IMPRIMERIE ET LITHOGRAPHIE ÉDOUARD FORESTIÉ

23, Rue de la République, 23

—

1898

PÈLERINAGE

DE

NOTRE-DAME DES MISÈRES

(PAROISSE DE MIRABEL)

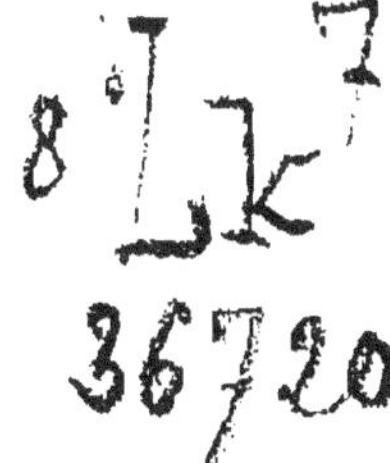

NOTRE-DAME

DES MISÈRES

SANCTUAIRE FONDÉ EN 1150

PAR

SAINT ÉTIENNE D'OBAZINE

NOTICE ET MANUEL

A L'USAGE DES PÈLERINS

par Camille Dran.

MONTAUBAN

IMPRIMERIE ET LITHOGRAPHIE ÉDOUARD FORESTIÉ

23, Rue de la République, 23

—

1898

NOTRE-DAME DES MISÈRES

CHAPELLE ET SANCTUAIRE DE PÈLERINAGE

INSCRIPTION LAPIDAIRE FRACTURÉE

DU XVe SIÈCLE

encastrée dans la façade

✝ ORANTIBVS IN LOCO ISTO
DIMITTE PECCATA POPVLI TVI DEVS
ET OSTENDE EIS VIAM BONAM
PER QVAM AMBVLENT
ET DA GLORIAM IN LOCO ISTO ✝

TRADUCTION

Remettez, ô mon Dieu, les péchés de tous ceux de vos fidèles qui prieront dans ce Sanctuaire ; montrez-leur la bonne voie dans laquelle ils doivent marcher, et faites éclater ici votre gloire. (Répons de la 4e leçon; OFFICE DE LA DÉDICACE.)

NOTRE-DAME
DES MISÈRES

NOTICE [1]

Mirabel et Notre-Dame

L'antique Sanctuaire de Pèlerinage dédié à la Très Sainte Vierge, sous le vocable de *Notre-Dame des Misères*, est aujourd'hui une annexe de la paroisse Saint-Jean-Baptiste de Mirabel, au diocèse de Montauban.

Avant la grande Révolution, *Notre-Dame*, prieuré-cure du diocèse de Cahors, avait dans sa dépendance l'église, maintenant disparue, de Saint-Léonard de Montagudet. Par l'importance que lui donnaient le groupement paroissial et la régularité des offices célébrés tantôt par des religieux de Saint-Augustin ou de Saint-Benoît, tantôt par des séculiers, ce titre prieurial, qui remontait au moins au XVe siècle, loin de nuire au Pèlerinage, le favorisa.

Situé à douze cents mètres environ de Mirabel, le

(1) Extrait d'une *Monographie* inédite, composée par le P. Daux, missionnaire apostolique et diocésain.

Sanctuaire *des Misères* partagea les destinées de son chef-lieu ecclésiastique, dont les transformations et les vicissitudes politiques et religieuses peuvent se résumer en ces mots : Bastide seigneuriale vers 1120, acquise par le roi de France en 1303, livrée traitreusement aux Anglais en 1345, mais bientôt rendue à la Couronne avec tout son apanage, saccagée par les Albigeois et les Protestants, Mirabel devint, au XVIIe siècle, le siège d'une judicature royale comprise dans le ressort du sénéchal et présidial de Montauban. Lors de la nouvelle division territoriale de la France, en 1790, ce bourg important fut constitué chef-lieu d'un canton du district de Montauban, appartenant au département du Lot. Enfin, depuis la création du Tarn-et-Garonne, en 1808, Mirabel et ses chapelles annexes (Notre-Dame et Saint-Barthélemy) font partie du canton de Caussade.

Grâce à la voie ferrée de Montauban à Paris par Cahors, notre Sanctuaire de Pèlerinage est desservi par la station de Réalville, distante de cinq kilomètres à peine. En suivant cette ligne, qui longe la grand' route nationale, le voyageur voit se dérouler, à sa gauche, la chaîne de collines et de coteaux derrière laquelle se trouve, en arrière-plan, le haut plateau du Lot. Sur ces cimes, de loin en loin couronnées de hameaux, de villages, de clochers émergeant du milieu des bois ou des moissons, une flèche plus élevée, une tour plus apparente frappent le regard dès qu'on arrive à la hauteur d'Albias... C'est Mirabel, c'est Notre-Dame des Misères, dominant, à une altitude de 200 mètres, le pays caussadais.

Que si touristes ou pèlerins s'informent sur ce Sanctuaire, on ne leur répondra guère autre chose que ces quelques mots, les seuls, à notre connaissance, qui en aient été écrits : « Son origine est asssz obscure, et le concours s'est un peu refroidi ; mais, il y a encore un demi-siècle, on y venait en foule des diocèses de Montauban, de Rodez, de Cahors et même d'Agen pour accomplir des vœux. » (DROCHON, *Hist. des Pèlerinages français à la Sainte Vierge*, p. 542, d'après DU MÈGE.)

Dans leur laconisme, ces quatre lignes laissent entendre l'importance qu'eut jadis ce Pèlerinage. Voici ce qu'on en peut dire, soit d'après les documents puisés dans les archives publiques ou privées, soit à l'aide de quelques rares écrits ou des traditions locales.

L'Origine du Sanctuaire et l'Albigéisme

Aussi loin qu'il est possible aux investigations historiques de remonter, le site splendide, l'éminence sur laquelle s'élève la Chapelle « *des Misères* » apparaissent environnés de la vénération des habitants du voisinage et des nombreux pèlerins qui s'y donnent rendez-vous depuis plus de sept cents ans. Mais aussi, comme tout est fait pour expliquer, justifier l'empressement des foules, la dévotion qui les y conduit et la piété qu'elles y manifestent !

Assurément, sur cette délicieuse colline qui domine de si gracieux vallons, de si belles plaines, la Reine du Ciel pouvait être invoquée sous le titre de *Mère admi-*

rable (Mater admirabilis). Cette invocation aurait confirmé l'appellation caractéristique de ce site d'où l'on jouit d'un point de vue admirable : *Mirabile !* MIRABEL.

Mais si le site est admirable et si les enfants adoptifs de Marie s'y trouvent plus délicieusement dans l'intimité auprès de leur Mère, Elle, protectrice de cette contrée, se fera admirer, se rendra *admirable* en devenant la Dame, la Patronne des malheureux, de toutes les misères et afflictions spirituelles et corporelles.

Sur les divers points de « son Royaume, » où elle a voulu être honorée d'un culte spécial et plus éclatant, Marie n'a-t-elle pas inspiré les noms sous lesquels elle serait invoquée ? Ici, c'est : Notre-Dame de Pitié, de la Délivrance, Délivrande ou de Livron ; là : Notre-Dame du Chêne, de l'Orme ou du Désert ; ailleurs : Notre-Dame des Miracles, des Grâces, des Lumières, de la Paix, etc... Ces vocables se répèteront, se feront écho, se multiplieront à l'infini d'un point de la France à l'autre. Mais dans cette contrée qui, un jour, devait se trouver comme enserrée entre les deux places fortes de l'Albigéisme et du Protestantisme, Marie voulut être *Nostra Dona de Miseriis*, la *Dame* ou *Dominatrice* des *Misères !* Et ce vocable est unique dans toute la Catholicité.

Quelles plus grandes misères que celles qu'engendre et propage l'erreur religieuse, surtout quand pour s'implanter elle a recours aux armes, au pillage, à l'incendie, à la démoralisation, à la corruption ! Misères

physiques, misères morales ajoutées aux misères inhé-
rentes à notre pauvre nature déchue : ce furent là les
conséquences des luttes suscitées tour à tour par les
hérétiques albigeois et par leurs frères les huguenots,...
tristes précurseurs des révolutionnaires de 1789.

Or, c'est à l'approche de l'Albigéisme que remontent
la fondation du Sanctuaire de *Notre-Dame des Misères*
et le culte rendu sur ce point à Celle que l'Église
appelle si justement « la Libératrice, la Triomphatrice
de l'hérésie. »

Malgré la rareté des documents, perdus sans doute
pour jamais, voici ce qu'on peut dire de cette origine
qui, sans avoir pour base le miracle ou quelque appa-
rition, n'en semble pas moins providentielle (1).

Saint Étienne et les Moines d'Obazine

Au cours du XIIe siècle, une petite colonie d'ermites-
agriculteurs d'Obazine, en Limousin, s'était établie
entre les grands bois et les friches agrestes qui for-
maient le lieu connu sous le nom de Saint-Martin de
Désarnat, non loin de Catus, et actuellement paroisse
dans la commune de Lavercantière (Lot). *Desarnatum!*
(desertum arnaci), désert et grèzes à pacages : c'était
bien le milieu qui convenait à ces hommes de Dieu
voués à la solitude, à la prière, se sanctifiant dans le

(1) La nature du présent opuscule ne comporte pas les preuves
et références ; il suffit de savoir que tout a été scrupuleusement
puisé à bonnes sources.

silence et les rudes travaux des champs et du défriche-
ment des bois. Mais, grâce à leurs sueurs et à leur
sainteté, la prédiction du prophète Isaïe devait une fois
de plus trouver son accomplissement : « *La terre
déserte et sans chemins se réjouira; la solitude sera
dans l'allégresse ; elle fleurira comme le lis, elle
germera de toutes parts, elle sera dans une effusion
de joie et de louanges. La gloire du Liban lui sera
donnée, ainsi que la beauté du Carmel et de Sion.
Ils verront eux-mêmes la gloire du Seigneur et la
magnificence de notre Dieu.* » (Ch. XXXV, 1-2.)

En effet, les bienfaits que les immenses travaux, les
prières et les pénitences de ces religieux attiraient sur
cette partie du Quercy, portèrent l'évêque du diocèse
à faciliter l'extension de leurs œuvres et l'agrandisse-
ment de leur trop étroite demeure. A cette fin, vers
l'an 1128, Guillaume de Calmont, évêque de Cahors, et
son Chapitre firent don à leur fondateur Étienne, Abbé
d'Obazine, de l'immense forêt d'*Eissartens*, qui s'éten-
dait de Piquecos jusqu'à Molières.

C'était le moment où Obazine prenait un accroissement prodigieux, par le nombre de vocations que le
Ciel suscitait : il fallait dilater les murs de l'abbaye et
même essaimer loin de cette ruche laborieuse. D'autre
part, pour asseoir plus solidement sa fondation et donner
une Règle définitive à ses religieux, connus jusque-là
sous le nom de « bons-hommes d'Obazine, » le saint
patriarche avait sollicité une fusion avec la famille de
saint Bruno. Mais le Prieur de la grande Chartreuse,
auquel Étienne était allé faire part de son désir, lui

répondit : « Les Cisterciens suivent la voie royale des conseils évangéliques. Leurs statuts suffisent pour conduire à la plus haute perfection. Le nombre des religieux que doit recevoir notre maison est déterminé ; les limites de nos possessions autour du monastère sont réglées ; c'est pourquoi, vous qui avez déjà réuni plusieurs disciples au service de Dieu et qui avez résolu d'en réunir un plus grand nombre, vous devez préférer la vie cénobitique ; elle convient mieux à vos disciples. » (*Vie* du Saint, p. 59.)

Étienne accueille ces paroles comme si elles venaient de Dieu lui-même. Rentré à Obazine, il renonce à faire une communauté de chanoines réguliers et prépare l'union de ses frères en religion avec les moines de Saint-Benoît. N'ayant point perdu de vue les offres de l'évêque de Cahors en faveur des disciples qu'il avait à Désarnat, il traite concomitamment ces deux affaires si importantes pour son œuvre. Bientôt, en effet, le pieux fondateur sollicitait du pape Eugène III, jadis moine de Clairvaux, l'affiliation à la Règle bénédictine. Il va donc trouver le Pontife, qui, après le concile de Reims, s'était rendu à la célèbre abbaye de Citeaux. Là, humblement prosterné aux pieds du Saint-Père, « il lui expose les désirs de son âme et demande à ce successeur des Apôtres de lui obtenir, par son autorité, la faveur d'unir Obazine à l'Ordre des Cisterciens. » Cette demande est accueillie par acclamations au Chapitre des Abbés tenu à cet effet, et le Pape ratifia solennellement l'affiliation.

Aussitôt après avoir revêtu le saint habit des moines

de Cîteaux et promulgué la nouvelle Règle désormais mise en vigueur, Étienne envoie de nouvelles recrues à la colonie monastique de Désarnat. En même temps, il la pressait de transporter sa tente sur un des points les plus accessibles et les plus salubres des vastes domaines dont les avait gratifiés la générosité de l'évêque diocésain.

On choisit dans la vallée de l'*Embous* un vaste terroir déjà à demi défriché, et que le comte de Toulouse Raymond V avait donné à la communauté en 1131. Ce domaine, situé sur le territoire qui forme actuellement la paroisse de Viminiés, et contigu à la petite église de ce lieu dédiée à Notre-Dame de l'Assomption, était déjà une de leurs dépendances, avec celles de Saint-Christophe et de Saint-Martin des Bois. Dans ce délicieux vallon, les moines, venus processionnellement depuis Désarnat, plantèrent, conformément à leurs Constitutions, la croix bénite pour les fondations nouvelles. Sur ce point, ils posèrent tout aussitôt les fondements de l'abbaye et de l'église, que le bienheureux Étienne appela : BEATA MARIA GUARDIÆ ou CUSTODIÆ-DEI, « *Sainte-Marie de La Garde-Dieu.* » C'était le 21 novembre de l'année 1150, en la fête de la Présentation de la Sainte-Vierge. Ce même jour, dit le traducteur de la *Vie* de notre Saint (p. 213) : « *Étienne fonda Notre-Dame de Limiers (Mirabel), entre Molières et Montauban (21 novembre 1150).* »

Le lecteur est, sans doute, frappé par l'appellation « *Notre-Dame de Limiers,* » donnée à ce Sanctuaire. Nous la reproduisons telle qu'on la lit dans l'*Appendice* ajouté à l'écrit sorti de la plume d'un disciple et compagnon de saint Étienne, appendice « puisé à des sources authentiques. » — De même, n'y a-t-il pas lieu de s'étonner au sujet de la date assignée à l'érection de cette chapelle coïncidant avec le jour même de la fondation de la nouvelle Abbaye cistercienne? Il est facile, ce nous semble, de tout concilier, comme on va le voir.

Fondation et Vocable primitif du Sanctuaire

Si le vocable donné au Sanctuaire de Marie par le fondateur de La Garde-Dieu fut réellement *Notre-Dame de Limiers* et non *des Misères*, (et si *de Limeriis* n'est pas une mauvaise transcription de *de Miseriis*), on pourrait l'interpréter et expliquer de diverses manières (1). — Postée comme une sentinelle au centre

(1) S'il n'y a pas eu confusion dans la transmission de ce vocable, il ne faut pas s'étonner de son changement, à une époque plus ou moins reculée, de *Limiers* en *Misères*. Ainsi la localité même actuellement appelée *Mirabel* porta pendant longtemps le nom de *Saint-Jean de Salapia* : c'est ainsi qu'on la voit dénommée indifféremment encore dans des actes de l'année 1580. Cet appellatif *Salapia* nous parait désigner la situation élevée de ce bourg et faire pendant à celui de *Tap* ou *Tuc de la Mote*, qui est précisément le *tumulus* situé un peu au-dessous de la chapelle des Misères et faisant face à Mirabel. On sait que *Tap* désigne une élévation, un monticule, un amas de terre, tout comme *Mote* désigne un monticule factice. Chez les Grecs et les Égyptiens on disait *Tépé* : dans notre département plusieurs lieux élevés sont aussi appelés *Tap*, *Tuc*, *Truc* et même *Tapole*; par exemple, près Beaumont, la *Tapole d'Engayrin*.

des coteaux et des vallons qui l'environnent, cette Chapelle, dans la pensée de l'Abbé, devait être la *gardienne*, la *vedette* de cette contrée: et ce rôle répondait exactement, surtout à cette époque, au terme de « *limier*. » Comme le gros chien de chasse, — *le limier* — avec lequel le veneur quête et détourne la bête pour la lancer quand on veut la courir, ou la forcer lorsqu'elle se tape, ainsi Marie sera sur ce sommet pour jeter l'alarme, appeler ses dévots serviteurs contre l'Albigéisme, qui faisait alors ses ravages et qu'il fallait tenir à distance de ces lieux où ses disciples venaient s'établir.

Cette dénomination de « Limiers » ne viserait-elle pas encore un trait bien touchant et quasi miraculeux se rapportant à la naissance du saint fondateur? — Il est raconté, par les divers biographes, que lorsque la mère de saint Étienne portait cet enfant dans son sein, elle eut une vision, dans laquelle il lui semblait avoir mis au monde, à la place d'un fils, un petit chien, comme on le raconte des mères de saint Bernard et de saint Dominique. D'autres auteurs relatent que ce ne fut pas sous la forme d'un chien, mais d'un agneau, que Gauberte vit son enfant. Sous ces deux symboles devait se vérifier l'explication de l'homme de Dieu, auquel la mère avait raconté sa vision : « Vous mettrez au monde un fils auquel Jésus-Christ confiera un grand nombre d'âmes pour les former par un enseignement céleste. » (*Vie*, p. 21-22.) Étienne fut, à la fois, un agneau par la pureté de ses mœurs, et un chien, non muet, pour garder le troupeau placé sous sa direction. Marie n'inspira-t-elle pas à son zélé serviteur de consacrer ainsi par le vocable « *Limiers* » et ce fait à lui personnel et le but vers lequel il tendait, soit en fondant cette Chapelle, soit en multipliant dans cette région ses moines, comme des « *limiers* » aux trousses des hérésies présentes et à venir?

Enfin cet appellatif pourrait tout simplement répondre au sens de « *limen*, » *seuil, frontière;* d'où la signification de *Notre-Dame du Seuil* ou *de la Frontière,* prise de la topographie même, de la situation avancée du coteau, qui, de tous côtés, commande la vallée caussadaise. Ce vocable répondrait donc encore au sens de *sentinelle* ou de *défense*, déjà signalé, et qui, dans la pensée du saint fondateur, pouvait faire comme le pendant de celui qu'il donnait à sa nouvelle Abbaye. Dans cet *avant-poste (limen)*, Marie *gardera* la contrée, tandis que le monastère sera la *garde* de Dieu, « *guarda Dei, guarda Mariæ.* »

Quant aux deux fondations de l'Abbaye et de notre Sanctuaire, faites le même jour, elles sont aisées à expliquer. Partis de leur résidence de Désarnat, les moines s'acheminèrent, par Cahors et la grande voie (*Calciata*, chaussée, *Caussade*), vers le point choisi pour la nouvelle abbaye, dans le voisinage de Viminiès. Leur route était toute tracée, surtout si l'on considère que le monastère de *Septfonds*, plus tard de *Saint-Marcel*, près Réalville (1), fut mis à contribution et

____

(1) Les religieux ermites qui, en 1130, avaient été établis à Septfonds par Adhémar, vicomte de Bruniquel, se transpor-

fournit son contingent pour accroître le personnel destiné à la fondation de *La Garde-Dieu*. Les deux colonies firent leur jonction dans la vallée, au pied des collines.

A mi-chemin, entre Saint-Marcel et le futur monastère de La Garde, se trouvait ce haut plateau dominant les bois et les vastes plaines qu'il avait fallu traverser avant d'atteindre ces hauteurs. Là, une halte était indiquée pour reprendre haleine et s'unir dans la prière chorale imposée en ces voyages de fondation et de translation de résidence. Étienne et ses moines n'y manquèrent pas. Il était tout naturel de marquer là une de leurs étapes, qui topographiquement semblait destinée à servir de trait d'union entre les deux abbayes et de point de jonction ou centre de pieux rendez-vous, quand l'intérêt ou les nécessités réclameraient quelque entrevue entre les membres de ces monastères, enfants d'une même famille.

Quel signe, quel souvenir laisser sur ce point du repos et des futures rencontres? Une image de Marie était toute indiquée à ces fils de saint Bernard et de saint Benoit, à ces moines qui, soit à Obazine, soit à

tèrent, en 1163, à *Saint-Marcel*, dans les domaines à eux donnés par Armand de Montpezat. Ce fut la fondation de La Garde-Dieu qui détermina ces moines à s'affilier à Cîteaux et à rapprocher leur résidence de cette abbaye et du Sanctuaire des Misères. L'abbaye de Saint-Marcel fut complètement ruinée par les guerres de religion. Relevée de ses ruines vers 1608, cinquante ans plus tard elle ne comptait plus qu'un religieux chargé de faire le service de l'église, devenue alors paroissiale.

Saint-Marcel, soit à La Garde-Dieu, avaient leurs résidences placées sous le vocable de la Bienheureuse Vierge Marie. Avant donc de reprendre leur route vers Viminiès, un modeste édicule, composé de quelques pieux coupés à la forêt attenante, recouvert de branchages et de feuilles d'arbres, sert à abriter une statuette de Celle qui, « *sous son talon écrasera éternellement la tête du serpent dans le monde entier,* » et sera l'égide et la protectrice des vrais disciples du Christ.

Ce jour-là, fête de la Présentation de Marie au temple, la cohorte monastique inaugurait le culte de La Dame *(Nostra Dona)*, placée comme « *gardienne* » de ces parages « *posuerunt me custodem,* » comme « *limier* » dans ces forêts presque impénétrables, comme *secours des malheureux,* « *succurre miseris.* » Agenouillés sur ce sol qui allait devenir un centre de pèlerinage, ils récitèrent quelques-uns des psaumes de l'office du jour, consacré à Marie, et chantèrent ces hymnes, ces antiennes que les générations catholiques rediront, jusqu'à la fin des temps, en l'honneur de la divine Vierge et à la gloire de Dieu... Puis, réconfortés à ce repos de l'âme et du corps, nos moines-travailleurs se remettent en marche vers le lieu qu'ils doivent féconder de leurs sueurs, de leurs exemples et de leurs vertus. Six siècles durant, cette contrée bénéficiera des travaux, des aumônes et des grâces célestes que ces religieux attirent sur elle jusqu'aux jours néfastes de la Révolution française.

Mais, tandis que ces ouvriers de prière et de travail

se sanctifient et servent de paratonnerre au-dessus du monde coupable et pervers, arrêtons-nous au Sanctuaire qu'ils viennent d'édifier, ou, pour mieux dire, qu'ils viennent de semer. Car ce n'est que « le grain de sénevé » qu'ils ont laissé tomber sur ce sol. Avec la grâce de Dieu et la protection de Marie, le grain « lèvera et produira un grand arbre, » selon la promesse de l'Évangile.

Premier Oratoire et premiers Pèlerins

Le Sanctuaire de Marie est donc fondé ; son culte est établi sur cette colline jusque-là solitaire. Les passants, — et ils étaient nombreux, vu la fontaine réputée miraculeuse de *Sen-Benech*, qui attirait toute la contrée vers ces parages (1), — les passants peuvent maintenant s'arrêter sur les traces de ceux qui ont dressé cet autel et cet oratoire rudimentaire. Comme

(1) Cette fontaine se trouve sur le versant de l'ancienne voie romaine, coupée présentement par la route de Mirabel à Viminiès. Longtemps on a attribué à cette source la propriété de guérir un grand nombre de maladies. Plusieurs historiens lui donnent une origine celtique ou druidique, tout comme aux fontaines similaires du cimetière de Lauzerte et de Sainte-Marie, située jadis près du portail de la basilique de Saint-Sernin, à Toulouse. Ici et là, c'était l'usage de jeter des pièces d'argent ou même d'y briser des vases neufs dans lesquels on avait bu de ces eaux. La dévotion à Notre-Dame des Misères a fait cesser ces traditions païennes, et le nom même de *Sen-Benech* (Saint-Benoît) prouve que, dès l'arrivée des religieux à La Garde-Dieu, le christianisme avait tout purifié.

eux, ils vont prier et solliciter de la Vierge la grâce qu'ils sont allés demander à la source bienfaisante de Saint-Benoît... Plus d'un, sans doute, dépose de temps à autre quelque fleur champêtre aux pieds de la Madone, y suspend quelque modeste ex-voto, y glisse une pièce de monnaie, comme c'était l'usage à l'endroit de ces nombreux édicules que, dès les temps les plus reculés, la piété chrétienne avait établis sur le bord des chemins, comme c'était en particulier la coutume d'en jeter dans la source de Sen-Benech. La goutte d'eau va bientôt devenir torrent... Les foules ne tarderont pas à arriver.

Ce qui commence à les attirer, ce sont les allées et venues des bons moines, ces nouveaux hôtes de la contrée. Les relations se multipliaient, en effet, entre les religieux de Saint-Marcel et ceux de La Garde-Dieu. Ne fallait-il pas parer aux nécessités de toute nature que créent les soucis, les besoins et les œuvres d'une fondation et d'une édification d'Abbaye? Souvent donc, de part et d'autre quelques-uns prenaient la route qu'ils avaient suivie en allant fonder. Une halte au petit Oratoire de *Notre-Dame* était alors une nécessité et aussi un acte de piété filiale. Là, aux pieds de la modeste Statuette, les envoyés des deux monastères se communiquent les confidences, se transmettent les ordres reçus. Et après s'être édifiés mutuellement dans leurs entretiens sous l'œil de Marie, après une prière, un chant en son honneur, ils se donnaient l'accolade fraternelle et reprenaient le chemin de leur abbaye respective.

Ces pieux rendez-vous, qu'on dit être signalés dans les *Lettres* de saint Bernard, ne tardèrent pas à piquer la curiosité des bons paysans de la contrée. Bientôt même, ceux-ci se hasardent à suivre de loin les religieux voyageurs... Ils cherchent enfin à les surprendre dans leurs prières, dans leurs épanchements et embrassements fraternels. Témoins de leur piété, ils s'agenouillent avec eux devant la rustique image de la Vierge; des relations s'établissent entre les fidèles et les Pères... La renommée alla grandissant, le pèlerinage se trouva établi.

La grande foi, la piété si vive du XIIᵉ siècle aidant, on avait déjà remplacé les pieux et les branches du petit édicule primordial par des murs de pierre. Ces murs ne furent d'abord que la petite rotonde qui compose le sanctuaire de la Chapelle actuelle et était alors en cul-de-four. Bientôt, il fallut songer à dilater ces trois petites murailles qui, sous une lourde voûte surbaissée, servaient de simple abri à la Madone. — Ne fallait-il pas que la tente pût abriter les enfants autour de la Mère! — Un Oratoire fut donc construit, un autel érigé; ainsi, les offices pouvant être célébrés sans trop d'incommodités pour les pèlerins et les voisins du Sanctuaire, les foules s'y donnèrent rendez-vous.

Comme toujours, les infirmes, les malades, les affligés, les malheureux en un mot, furent les plus nombreux, les plus zélés à la *Capéléto*. La divine Vierge, pressée par les prières, se fait avocate auprès de Dieu; et les consolations, le soulagement, les guérisons, attestant l'assistance du Ciel et la récompense de la foi unie aux œuvres chrétiennes, le concours des pèlerins et des suppliants devint de plus en plus nombreux.

En présence des prodiges que la piété reconnaissante ne manqua pas d'enregistrer, — mais dont les relations ont été malheureusement anéanties dans les bouleversements du Sanctuaire et les agitations politiques et religieuses, — la *Voix du peuple*, qui, ici surtout, fut la *Voix de Dieu*, acclama la patronne et thaumaturge de cet asile sous le titre de : *Dame des Misères*.

Les Albigeois et le Vœu public ; Invasion anglaise

Était-il besoin, depuis le XIIIe siècle, de recourir au « chien vigilant, » à la *Dame de Limiers*, postée en sentinelle contre les hérétiques albigeois? L'Église avait condamné, anathématisé l'Albigéisme confondu et chassé par les armes de la foi et de la prière. Les ineptes et épouvantables doctrines de ces hérétiques, soulevant la trop légitime indignation de ces populations profondément catholiques, avaient glissé sur leur âme comme la goutte d'eau sur le marbre. Plus de traces du passage de ces rêveurs aussi immoraux qu'ignorants et sectaires, si ce n'est les actes de vandalisme, les pillages, les ruines amoncelées, les atrocités commises contre tout ce qui rappelait la sainteté, la piété, la vraie religion du Christ-Dieu. La foi des gardiens de *Notre-Dame* était intacte ; c'était assez !

Pour conserver cette foi, et aussi comme témoignage de reconnaissance après la délivrance de ces hordes

albigeoises et la préservation de leurs funestes doctrines, la population unie à ses chefs spirituels et
temporels fit un Vœu. Chaque année, dans une procession générale, on irait offrir à *Notre-Dame* un cierge
de cire blanche, façonné en forme de tour, symbole de
leur résistance et figure de Celle qui est appelée :
« Tour de David » et « Tour d'ivoire. » — Ainsi on avait
agi vis-à-vis de Marie, en divers Sanctuaires, à des
époques troublées ou périlleuses pour la foi : ainsi,
dit-on, l'avaient fait, les habitants et la contrée de
Caylus en l'honneur de Notre-Dame de Livron, pour
la remercier de la délivrance du dragon qui, trop
longtemps, avait désolé ce pays. — A Mirabel, on
voulut suivre ces exemples et manifester ainsi sa
foi, sa gratitude et sa confiance. Toute la région,
associée à ce Vœu et participant aux dépenses, s'ache-
minait au jour dit (ordinairement en la fête de
l'Assomption) vers le Sanctuaire de Notre-Dame, au
chant des cantiques de réjouissance et de supplication.
A la paroisse chef-lieu et aux religieux et religieuses
de ses couvents, de l'ordre de Saint-Augustin (1), s'unis-
saient les sections de Saint-Barthélemy, de Saint-
Léonard, de Saint-Jean, église voisine de cette dernière,
mais disparues l'une et l'autre depuis longtemps. Se ren-
daient aussi les corporations de Saint-Joseph et de

---

(1) Dans l'enceinte des fortifications s'élevaient deux monastères, ruinés par les Calvinistes. Celui des religieuses Augus-
tines était à l'ouest du bourg, au point dit *Lou Pourtal*; celui
des religieux, vers la porte du sud.

Saint-Jacques, dont il ne reste plus qu'un vague souvenir, aussi bien que de leurs oratoires et de celui dit de *la Capelle*. On accourait également de Viminiès, de Saint-Amans, de Saint-Martin de Lastours, de Saint-Vincent d'Autéjac, de Caussade, de Septfonds, de Montpezat, de Saint-Christophe, de Saint-Nazaire, de Saint-Romain et de Molières. A leur tour, Réalville, Saint-Marcel, Cayrac, La Garde-Dieu envoyaient leur contingent de fidèles et de religieux. Au milieu de cet imposant cortège, le cierge monumental, vrai chef-d'œuvre dans sa forme et ses décorations, était porté par les consuls jusqu'au pied de l'autel de Notre-Dame. Le célébrant le recevait de leurs mains sur le plus haut degré du marchepied, et au milieu des chants et des invocations il le plaçait tout allumé auprès de la statue. Alors, une prière publique était faite pour protester des sentiments de reconnaissance envers Marie, puis son image était présentée au baisement de chacun des assistants.

Quelle sainte revanche avait pris cette population au lendemain de la défaite et de l'expulsion des Albigeois ! La foi avait triomphé, elle s'était affermie et accrue, et la manifestation s'en perpétua par la fidélité à l'accomplissement de ce Vœu jusqu'à la tourmente revolutionnaire. Trois cents ans durant, les Mirabelais tinrent ainsi les engagements pris par leurs ancêtres (1). Puis-

(1) On a cru que ce Vœu avait été fait, non à Notre-Dame, mais au chef de saint Thomas, dans la basilique toulousaine de Saint-Sernin. Mais, outre que ni les *Annales dominicaines*,

sent revenir des temps propices qui permettent à ce peuple de renouer cette pieuse tradition, dans des solennités attestant sa fidélité et sa gratitude envers la Libératrice de la région !...

Ainsi, les dévots à Notre-Dame des Misères avaient repondu au vandalisme des hérétiques. Qu'était-ce que les ruines matérielles amoncelées par ces hordes sacrilèges ! Fallait-il s'attrister, se désoler, comme ceux qui n'ont plus d'espérance ?... — Le zèle, les générosités, Marie, pourvoieront au relèvement, à l'embellissement du Sanctuaire. Celle qui fut la « Sentinelle vigilante » était témoin de leurs *Misères ;* Elle ne les abandonna pas. Aussi c'est sous ce vocable que, désormais, Elle sera invoquée dans cette chapelle rajeunie après les profanations et les mutilations perpétrées par les hérétiques. N'était-on pas au temps où la miraculeuse prière du grand serviteur et panégyriste de Marie, du docteur *Parthénique*, courait sur toutes les lèvres et retentissait dans tous les sauctuaires catholiques ?

ni les archives de cette église ne signalent rien de semblable. il est à remarquer que la tête du Docteur angélique ne fut transférée à Toulouse qu'en 1368, longtemps après la disparition des Albigeois de nos contrées. — Observons encore que la paroisse avait contracté un autre Vœu, à une époque d'épidémie, et qu'elle y fut fidèle jusqu'à la grande Révolution. « Alors, les différentes paroisses situées dans le territoire de Mirabel, ainsi que celles de Saint-Pierre et de l'Honor-de-Cos, se réunissaient dans cette petite ville, et allaient solennellement en procession au couvent de La Garde-Dieu, pour remercier le Ciel de la préservation de la peste qui ravagea les contrées voisines. » (Du Mège, *Voyage archéologique*, 47.)

Le *Memorare* que saint Bernard vint, peut-être, réciter avec ses frères de La Garde-Dieu sous le lambris en feuillages de notre primitive chapelle, n'inspira-t-il pas le titre donné à la Protectrice de ces contrées, ne traduisait-il pas, du moins, les sentiments de confiance, d'abandon et d'amour que les miséreux venaient exprimer à ses genoux ? Oui, les frères du saint Abbé de Clairvaux, et avec eux les foules qui les accompagnaient, redirent souvent entre les murs de cette chapelle le pieux « *Souvenez-vous.* » Où pouvait-on mieux en appliquer les sublimes paroles, en comprendre toute la vérité et constater les effets qu'aux pieds de la Dame des Misères ? A Elle, toute la région, toutes les infortunes venaient dire comme le « docteur aux paroles de miel » (*doctor melifluus*) : « *Souvenez-vous, ô très pieuse Vierge Marie, qu'on n'a jamais entendu dire qu'aucun de ceux qui ont eu recours à votre protection, imploré votre assistance et réclamé vos suffrages ait été abandonné. Animé d'une pareille confiance, ô Vierge des vierges, je cours vers vous, ô ma Mère ; je viens à vous, gémissant sous le poids de mes péchés, je me prosterne à vos pieds, ô Mère du Verbe, ne méprisez pas mes prières, mais écoutez-les favorablement et daignez les exaucer.* »

A cette ardente supplication, chacun répondait : « *Ainsi soit-il !* » Et il en était « *ainsi.* » Car, malgré les incursions Anglaises qui, durant la funeste guerre de Cent ans, désolèrent le pays, pillant, ruinant ou désaffectant châteaux, seigneuries, domaines dans

Mirabel et les alentours; malgré les désordres que la présence trop fréquente des grands et d'une Cour malheureusement bien dissolue, qui venaient chasser, festoyer et jouir des agréments de cette baronnie restée, à chers deniers, attachée à la Couronne, le Sanctuaire des Misères florissait.

C'est sous les murs de cette bastide bien fortifiée qu'avaient commencé les premiers actes d'hostilité entre la France et l'Angleterre. Thomas Vacke, sénéchal du Rouergue, pour le prince de Galles, devant passer sous les murailles de Mirabel avec soixante lances et deux cents archers, les comtes de Comminges et de Périgord, le vicomte de Carmaing, le sire de Puycornet, le seigneur de La Barthe, et plusieurs autres chevaliers et écuyers se mirent en embuscade pour l'attendre (FROISSART, *Chroniques*, ch. 204) ; lorsqu'il fut arrivé à portée de trait, ils fondirent sur lui avec des forces supérieures et le défirent entièrement. Plus tard, néanmoins, revenant à la charge, les Anglais se rendent maîtres de Mirabel, par trahison. Grâce à la connivence de plusieurs seigneurs et de quelques consuls et bourgeois de Montauban, ils parviennent à se cantonner pour un temps dans cette place forte (1345). De ce poste des plus importants, où ils traitaient les habitants sans merci, ils allaient piller l'Albigeois, — justes représailles contre les hérétiques de ce nom qui avaient tyrannisé la contrée. — Mais, à leur tour, ces usurpateurs durent capituler devant l'énergie des Mirabelais et leur attachement à la royauté et à la religion. Au mois de février 1347, Mirabel est repris

par les Français ; sa vaillance aussi bien que son importance stratégique avaient placé cette bastide au premier rang des dix-huit villes basses du Quercy. Aussi,
lorsque en 1360 le traité de Brétigny mit le pays
quercynois aux mains du célèbre Chandos, commissaire
du roi d'Angleterre, le maréchal Boucicault, représentant du roi de France, réserva, entre autres possessions,
Cazals, qui appartenait à Benoît de Jean, et Mirabel
avec son apanage, dont Pierre de Labatut de Villemade
était seigneur. La chapelle et le culte de Notre-Dame
des Misères échappèrent alors à une catastrophe qui
devait être nécessairement fatale, si l'occupation étrangère s'était prolongée davantage. Ainsi, le grain de
sénevé semé par saint Etienne d'Obazine se développait
silencieusement, malgré les tempêtes, et allait porter
ses fruits.

Progrès et décadence du Sanctuaire :
Protestantisme et Révolution

A l'ombre de cet asile de prières et de grâces, une
agglomération importante se groupe donc progressivement et avec une rapidité aussi consolante qu'inespérée. Aussi, vers la fin du XVe siècle, ou au début du
XVIe, s'éleva, presque d'un seul jet, la chapelle dans
les proportions où on la voit encore de nos jours ; et
bientôt ne tardent pas à s'élancer vers le ciel la belle
tour octogonale et sa gracieuse flèche, aujourd'hui
disparue. Les dons, les legs, les fondations, les obits,
les aumônes journalières constituèrent des rentes

suffisantes pour pourvoir, non seulement à l'entretien du Sanctuaire et à son culte, mais aussi à la subsistance du clergé devenu nécessaire pour la célébration régulière des offices.

Notre-Dame fut donc érigée en prieuré-cure, où, auprès du prieur, divers chapelains étaient chargés du service de l'annexe Saint-Léonard de Montagudet. Ce prieuré était à la présentation du prieur de Saint-Léonard de Nobillac, de l'ordre de Saint-Augustin, au diocèse de Limoges. Ainsi se maintenait le droit que saint Etienne avait acquis sur ce Sanctuaire ; puisque, jusqu'en 1790, c'était et ce fut de son pays d'origine, le Limousin, que venait la nomination des prieurs-curés et vicaires perpétuels préposés à l'administration spirituelle et temporelle de cette église. A l'entrée de l'édifice, plus digne de Marie et de la population qui le lui consacrait, fut gravée l'inscription dont un fragment, retrouvé au milieu des ruines entassées par les protestants ou la Révolution, fut heureusement encastré au-dessus de la porte principale. On y lisait cette touchante recommandation, tirée de l'Office de la Dédicace des Eglises :

ORANTIBVS IN LOCO ISTO

DIMITTE PECCATA POPVLI TVI DEVS

ET OSTENDE EIS VIAM BONAM

PER QVAM AMBVLENT

ET DA GLORIAM IN LOCO ISTO

Remettez, ô mon Dieu, les péchés de tous ceux de vos fidèles qui prieront dans ce Sanctuaire ; mon-

trez-leur la bonne voie dans laquelle ils doivent marcher, et faites éclater ici votre gloire. (Répons de la 4e leçon de l'Office).

C'était, on le voit, l'indulgence que l'on demandait pour la rémission des péchés de quiconque prierait aux pieds de Notre-Dame des Misères, c'était aussi la demande de miracles proclamant la puissance de Marie et la gloire de Dieu.

Malheureusement, de tristes jours se préparaient encore pour entraver soit l'élan vers ce lieu de pèlerinage, soit le développement de cette population et de ses entreprises en faveur du Sanctuaire. Avec le XVIe siècle renaissent les Albigeois, dans leurs descendants les Protestants. Mais, pas plus que leurs ancêtres, ces sectateurs de Calvin ne pourront entamer sur ce point la foi catholique : la Patronne de la région veillait toujours, comme Elle l'avait fait de 1150 à 1210 et pendant la possession Anglaise ; comme elle veillait également à Livron, à Lorm, à Alem, etc... Elle parut même veiller plus particulièrement sur cette région si bien gardée par Elle au temps de l'Albigéisme.

Tandis, en effet, qu'après mille atrocités, les Calvinistes avaient essayé de se concentrer sur ce haut plateau et y rançonnaient durement les populations catholiques à l'aide de leurs garnisons qui, à main armée, allaient prélever les dîmes des églises, leurs ministres commençaient à faire des prosélytes. A la suite des prêches de l'an 1561, quelques timorés adhérèrent à la Réforme ; mais l'évêque de Montauban,

Jacques Desprez, parti de sa résidence ordinaire de Montpezat. survient à la tête d'un corps de cavalerie et chasse promptement les soldats, les pasteurs et leurs coreligionnaires, au mois d'avril 1562. Battus, mais non découragés, les huguenots tentent un nouveau coup sur cette localité. Au mois d'août, un combat s'engage au pied de Mirabel (1), entre le seigneur de Parasols et Saint-Vit, capitaine de Tournon, qui allait joindre, avec des troupes, l'armée protestante de Duras. Saint-Vit est tué, et Parasols reçoit une blessure dont il mourut bientôt après. La mort de ce dernier fut une grande perte pour les catholiques du Quercy. Néanmoins, la victoire devait rester à nos soldats. Et, afin qu'on puisse mieux apprécier soit la religion des habitants. soit la protection de la Vierge Marie, nous laissons la parole à un historien peu suspect, au protestant Théodore de Bèze lui-même. De ce récit, tiré de l'*Histoire ecclésiastique des Eglises réformées*, nous ne changeons que la vieille orthographe.

« Le huitième du mois de septembre, partirent de Montauban quarante argoulets et soixante arquebusiers,

---

(1) Ce haut plateau était défendu par *le Castel*, dominant, au sud, la plaine de Saint-Nazaire, et par un *Fort* destiné à recevoir les habitants pendant les jours d'alarmes. Ce Fort — flanqué par quatre tours crénelées et percées de meurtrières — était entouré des *Fossés de la Ville*. Ces divers châteaux-forts, dont on ignore l'origine, furent détruits dans ces guerres du XVIe siècle. Le bourg étant fortifié, on en fermait les portes vers dix heures du soir ; après cette heure, les prêtres n'en pouvaient plus sortir.

avec les capitaines La Vernade et Fontgrave, dit Jean de Jean, et du Tap, enseigne, à l'intention de prendre à Mirabel quelques compagnies qui y étaient : auquel lieu y étant arrivés, n'y trouvèrent personne, s'étant retirés les habitants et ayant fort bien caché tant leurs biens que leurs pièces. Se préparant donc le lendemain pour s'en retourner, et *s'étant amusés à brûler un temple nommé Notre-Dame des Misères*, ils furent aussitôt assaillis de tous côtés par cent hommes d'armes, ou environ, des compagnies de Montluc et Burie, suivants le camp de Duras comme pas à pas pour le surprendre. Quoi voyant, cette petite troupe de Montauban s'écarta çà et là comme elle put, se retirant, Fontgrave, en une métairie prochaine avec vingt-cinq soldats, et La Vernade, à Réalville pour chercher secours, de sorte qu'il n'y en eut que quatre qui fissent tête, l'un desquels nommé Jean Bordes, natif de Nègrepelisse, reçut deux coups de lance, l'un à la joue et l'autre à la cuisse, un coup de pistole à l'estomac où il y avait trois balles qui rencontrèrent les côtes et six coups de coutelas en divers endroits, étant laissé pour mort, dont toutefois il ne mourut point ; ni ne put être forcée la métairie, s'étant retirés les ennemis, pour être venu secours de Réalville aux assiégés, où se retira le demeurant, y étant demeurés morts : du Tap, enseigne, Jean Durval, le vieux, et Guillaume Duverger, caporaux, Claude Cortillant, marchand, et Laurens Coulon, avec environ dix soldats et deux prins (prisonniers). Le moyen de cette déroute fut un trompette de Montluc, lequel, fait prisonnier à Montauban, avait fait bonne mine, et alors voyant l'opportunité, s'était rendu aux ennemis qu'il avertit du petit nombre de ceux de Montauban. » (*Livre X.*)

Voilà donc, au jour même de la grande fête de la Nativité de la Sainte-Vierge (8 septembre), Mirabel délivré des troupes protestantes, les catholiques vainqueurs, les chefs huguenots mis à mort ou fort malmenés, et leur troupe dispersée, presque anéantie, sur ce point. La bonne Vierge Marie avait voulu châtier ainsi ces impies qui s'étaient « *amusés à brûler* » sa chapelle avec les prêtres qui s'y étaient cachés ; Elle avait pris visiblement la défense de ses protégés et fait payer chèrement aux profanateurs leur sacrilège *amusement*. Aussi, malgré ces luttes sanglantes, que les mauvais jours de 1793 ne firent qu'aggraver encore. les habitants surent rester toujours fidèles catholiques et fervents serviteurs de Marie.

Les révolutionnaires politiques achèveront bien l'œuvre de destruction commencée par la révolution religieuse du XVIe siècle : ils démolissent l'élégante flèche qui couronnait la tour de la chapelle — le niveau égalitaire le voulait ainsi ; — ils massacrent stupidement jusqu'aux pierres sculptées, où ils croyaient reconnaître quelque « symbole de fanatisme ou de royauté ; » ils font main-basse sur les vases sacrés, sur les cloches, les ornements, les ex-voto que la vigilance des gardiens du Sanctuaire n'a pas eu le temps de soustraire à leur vandalisme aussi idiot que féroce. Heureusement, s'il faut en croire la tradition locale, la statue de la Vierge put être préservée de la profanation. Quelques personnes de Mirabel s'en étant emparées nuitamment, la cachèrent pendant tout le temps que dura la tourmente. A la réouverture des églises, elle fut rendue à la paroisse, le Sanctuaire de Notre-Dame se trouvant alors sans voûte ni toiture. Ainsi, la sauvagerie révolutionnaire, préparée et façonnée à ce genre de travail sacrilège, complétait les ravages du Protestantisme sur cette chapelle. Les huguenots, plus avisés dans l'intérêt de leurs sinistres entreprises, avaient su conserver la coupole qui abritait le chœur, pour en faire « un cavalier ou plate-forme » à leur artillerie, tandis que la tour leur servait de point d'observation et d'abri pour le guet.

L'orage calviniste passé, le Sanctuaire refleurit avec la vigueur que la persécution a toujours donnée aux œuvres de Dieu et de sa sainte Mère. La réédification de la chapelle fut entreprise courageusement et efficacement. Il suffit de quelques années pour remettre le tout en état et voir affluer de nouveaux pèlerins, surtout à partir de l'année 1624. Plus que jamais on appela Marie « *Notre-Dame des Misères.* » Cette invocation fut incrustée dans la pierre, écrite sur les livres et les registres locaux, voire même, selon l'usage de l'époque, sur les bassins de cuivre et d'étaing qui servaient à recueillir les aumônes. Dans le marly de ces plats, repoussée au marteau, ou burinée à la pointe, on lisait l'exergue caractéristique que nous avons déjà reproduite et qui restera celle du Sanctuaire : « *Nostra Dona de Miseriis.* » Ce souvenir doit être d'autant plus soigneusement conservé, que ces derniers vestiges et témoins de l'antique vocable ont été dérobés. il y a quelques années, alors qu'on mettait la chapelle dans l'état où on la voit à cette heure.

Culte et faveurs de Marie

Que si le culte et la dévotion à Notre-Dame des Misères se sont perpétués jusqu'à nous. il faut l'attribuer aux grâces que le divin Maître s'est plu à répandre en ce lieu, par l'entremise de sa puissante Mère. Luttes politiques et religieuses, défection momentanée dans le zèle chrétien, scandales éprouvant la foi et les mœurs, rien n'a pu arrêter l'impulsion donnée il y a plus de sept cents ans. Ah! c'est que les malheurs et les misères de la vie seront toujours de grands inspirateurs de foi, de puissants leviers élevant vers Dieu. « C'est lorsque la divine Providence multiplie nos infirmités, dit le Psalmiste, que, sortant de l'indifférence, nous hâtons le pas. » Et quand surtout on est sûr de rencontrer sur son chemin une Consolatrice. une Patronne, une Avocate capable de prendre en main notre cause, de compatir à nos douleurs, d'alléger nos peines morales, nos souffrances physiques; quand, enfin, on a auprès de soi une *Dame des Misères*. reprenant courage. on va déposer ses propres misères sur son cœur maternel, et avec la sainte liturgie on lui redit : « *Succurre miseris!* Au secours! Ayez pitié des malheureux! » N'est-ce pas l'invocation qui doit accompagner celle que nos aïeux gravèrent sur la pierre, dans les livres et tous autres objets destinés au service du culte?

C'est avec cette foi ardente et confiante que, jusqu'à nos jours, toutes les misères, les infirmités humaines sont venues demander du secours à Celle qu'on n'invoqua jamais en vain. Les mères, tout particulièrement, tiennent à mettre sous sa protection leurs petits enfants couverts de croûtes laiteuses, obsédés de peurs nocturnes, en proie aux insomnies ou aux convulsions, agités par la danse de Saint-Guy, atrophiés, rachitiques, perclus, sujets aux crises nerveuses, anémiés par la croissance ou à constitution débile, etc., etc... Auprès de ces pauvres enfants et de leurs mères suppliantes, s'agenouillent et se confondent dans les mêmes sentiments de foi et de piété : les vieillards accablés par les infirmités et le poids de l'âge, — les hommes, les femmes, à l'apparence vigoureuse, mais dont le cœur est endolori par les soucis, les peines, les chagrins de la famille, — les jeunes gens des deux sexes, soucieux de leur avenir, appelant les bénédictions de la « Vierge clémente, » alors que les sollicitudes, dont ils voient la réalité dans ceux qu'ils coudoyent à chaque pas, leur sont encore épargnées, — enfin le prêtre, réclamant aide et appui pour la direction de son troupeau paroissial, miséricorde et consolation pour chacune de ses ouailles, paix et triomphe pour l'Église universelle.

C'est vraiment la sublime antienne « *Sancta Maria succurre miseris*, » qui s'égrène pour ainsi dire, qui passe en tableau pour reproduire devant les yeux ce que la prière liturgique redit à l'oreille. « *Oui*, répètent tous ces pèlerins et dévots au Sanctuaire de Notre-Dame, *oui, ô sainte Marie, secourez-nous dans nos misères aidez les pusillanimes, consolez les affligés, priez pour le peuple, prenez la défense du clergé, intercédez pour le sexe faible mais dévot, en un mot, que tous ceux qui vous célébrent en ce sanctuaire, ressentent le bienfait de votre assistance.* »

Prières publiques ou privées faites aux intentions des suppliants, baisement de la statuette de la Vierge Marie, petite aumône donnant droit à l'inscription au nombre des « voués à Notre-Dame, » offrande pour la célébration du Saint-Sacrifice de la messe, promesse de retour à une époque déterminée, soit après la guérison soit pendant le cours de l'infirmité, l'invocation quotidienne : « *Notre-Dame des Misères, priez pour nous!* » et le *Souvenez-vous,* telles sont les pratiques en usage qui, plus d'une fois, obtinrent l'assistance totale ou partielle de la bonne Mère.

Bien des faits, réputés miraculeux, furent attestés dans le cours des siècles ; mais ces relations ou constatations n'ayant jamais reçu la sanction de l'autorité légitime, nous les tairons. Dieu et Marie ont eu soin de les consigner dans le Livre de vie, et leur bienveillante puissance saura bien les révéler et les confirmer, s'il est expédient pour l'affermissement de la foi et l'extension du culte spécial à ce lieu de pèlerinage.

Néanmoins, tout en gardant le silence le plus absolu sur les manifestations de la puissance et des faveurs de Marie dans ce Sanctuaire, nous ne pouvons taire une particularité significative qu'on assure avoir été relatée par un historien peu suspect en pareille matière. La protection de la bonne Vierge devint si éclatante, et se manifesta par tant de prodiges, dit Malte-Brun, que le titre de « Notre-Dame des Misères » fut changé en celui de « *Notre-Dame des Miracles.* » Ce changement temporaire de vocable suffirait à proclamer les nombreuses grâces obtenues, les miracles opérés par l'intercession de Marie ; rien ne publierait aussi éloquemment la gloire de cette puissante Protectrice et la célébrité de ce Sanctuaire.

Quoi qu'il en soit de cette modification apportée, pour un temps, au vocable de notre chapelle (fait que nous n'avons pu contrôler), le titre des *Misères* se retrouve sans interruption depuis, au moins, la première moitié du XVIe siècle. Tel il se maintint jusqu'à la crise révolutionnaire du siècle dernier, tel il a surnagé sur les flots de sang et d'impiété déversés par cette tourmente, tel il subsiste encore et paraît vouloir s'affermir dans le regain de vie que la piété et le zèle des pasteurs qui se sont succédés, depuis lors, dans cette paroisse, ont donné à ce Pèlerinage.

Restaurations du Sanctuaire et du Pèlerinage

Vers 1845, une première restauration permit de célébrer plus convenablement les offices en faveur de la population annexe desservie dans cette église.

comme aussi d'y faciliter l'accès aux jours des pèlerinages annuels ou de dévotions particulières. Depuis cette époque, la dévotion à Notre-Dame s'est accrue et plus magnifiquement manifestée, non pas seulement parmi les habitants de la localité et des paroisses environnantes, mais aussi chez les serviteurs de l'aimable Vierge, qui, avides de grâces, disent à propos des Sanctuaires élevés ou restaurés en son honneur, ce que saint Bernard écrivait pour les éloges à lui donner : « *De Maria numquam satis*, jamais assez quand il s'agit de Marie ! »

Aussi voit-on aujourd'hui, avec une véritable joie, l'embellissement et la restauration à peu près complète de cette chapelle. Le misérable lambris qui abritait jadis les pèlerins, ou plutôt sous lequel ils étouffaient, tant il était rapproché des têtes, a fait place à une voûte élancée et gracieuse. Les petites lucarnes, à demi bouchées, qui laissaient passer si parcimonieusement un jour à peine suffisant pour suivre les offices dans son livre, sont remplacées par de belles fenêtres ornées de brillants vitraux d'où descend une lumière abondante et tamisée par les vives couleurs de ces verrières. Le sanctuaire, dégagé des lourdes constructions qui surbaissaient l'arc d'entrée et écrasaient sa coupole, a été remis presque dans son état primitif. La tour, hélas ! découronnée de sa haute flèche, a été ornée d'un comble peu accusé et à versants correspondants aux faces de l'octogone, et reposant sur une corniche qui, sans trop déparer cette partie la plus monumentale de tout l'édifice, répond à l'ornementation absolument semblable qui règne comme cordon au-dessus des murailles élevées dans le pourtour extérieur de la Chapelle.

Ces restaurations matérielles, en aidant à la glorification de Dieu et de sa sainte Mère, attirent plus nombreuses les bénédictions d'En-Haut, plus nombreux aussi les amis de ce Sanctuaire. Pour y aider et perpétuer tout particulièrement le culte envers Celle que, depuis tant de siècles, on invoque en ce lieu comme « Dame des Misères, » un groupe dont nous donnons ici une gravure, vient d'être érigé et installé sous la coupole du chœur, au-dessus du maître-autel (1).

Due à l'habile ciseau d'un artiste profondément chrétien et que la dévotion et des liens de famille rattachent intimement au vénéré Sanctuaire, cette sculpture monumentale, à l'antique, est destinée à mettre plus sensiblement sous les yeux le sens et l'idée dominante de ce Pèlerinage. Sans doute, la modeste statuette, que tant de pèlerins ont vénérée et dévotement baisée, et dont la dorure et le coloris qui la revêtent empêchent de préciser l'âge ou l'ancienneté, cette statuette continuera à être exposée aux regards

(1) Ce groupe est sculpté en ronde bosse dans deux blocs de vieux chêne, l'un pour la Vierge, l'autre pour les six personnages qui sont à ses pieds ; il mesure 1m 97 d'élévation sur 1m 31 de large. La base, qui sert de socle à cette scène, porte au centre un cartouche avec l'invocation *Notre-Dame des Misères priez pour nous*, et dans six petits panneaux correspondants aux pèlerins est indiquée leur supplication. Sur les latéraux de ce socle sont signalés à droite l'époque et l'offrande de cette sculpture, à gauche le souvenir du Sanctuaire et la date de cette inauguration.

des foules, à les bénir, à se presser sur les lèvres désireuses de la baiser. Mais, désormais, les yeux et les cœurs, s'élevant plus haut, s'attacheront au groupe monumental pour en saisir toute la pensée, y lire les misères de la pauvre humanité aussi bien que la compatissance de la miséricordieuse et puissante Protectrice de cette région. La mère désolée implorant pour la conservation de son enfant, l'infirme accroupi dans l'attitude de la supplication, les affligés, poussant le cri de la désolation ou abimés dans une sainte résignation, l'artiste déposant son marteau et son ciseau pour adresser une prière et obtenir aide dans son labeur, toute cette scène, en un mot, redira constamment aux pèlerins ce qu'ils doivent faire, ce qu'ils doivent espérer !

Ces pages voudraient aussi contribuer, pour une part, à la gloire de *Notre-Dame des Misères* et à l'accroissement de son culte. C'est la première fois que parait une **Notice** sur ce Sanctuaire et son Pèlerinage. Ecrit avec autant d'amour pour la divine Vierge que de désir de lui gagner le plus de cœurs possible, puisse ce tout petit livre avoir instruit et intéressé le pieux lecteur, avoir surtout réchauffé, développé son affection filiale !

Montauban, le 1er avril 1898,
En la fête des Sept-Douleurs de la Sainte Vierge.

GROUPE DE NOTRE-DAME DES MISÈRES

VÉNÉRÉE DANS LA DÉVOTE CHAPELLE

ACTE DE CONSÉCRATION

A

NOTRE-DAME DES MISÈRES

O Marie, vous, Mère de douleurs, qui êtes invoquée sous le titre de Dame des Misères, je vous choisis pour ma Reine, ma Protectrice, mon Avocate auprès de Dieu. Je me consacre à votre service et je veux vous aimer, vous honorer, vous imiter tous les jours de ma vie. Daignez, je vous en supplie, ô aimable Consolatrice, m'admettre au nombre de vos serviteurs les plus dévoués.

J'admire en vous les incomparables privilèges dont vous avez été l'objet; auprès du lys de votre Conception immaculée, je vois le glaive sept fois douloureux qui transperça votre cœur. Vous, sans tache, ô Marie, vous pleurez au pied de la Croix, pour m'apprendre à mêler mes larmes aux vôtres; mais vous êtes debout pour me donner, force, courage et résignation. Je me remets donc entre vos mains maternelles; je recommande à votre clémence mon âme, mon corps, mes pensées, mes actions, mes joies et mes peines, mes faiblesses et mes misères, ma vie et ma mort. Daignez tourner vers moi vos regards miséricordieux: aidez-moi, assistez-moi, protégez-moi, veillez toujours sur moi. Tendez aussi votre main secourable aux pauvres âmes du Purgatoire, qui sont dans la plus grande des misères et n'espèrent qu'en vous. Avec la plus grande puissance, Dieu a mis en vous la plus douce tendresse, pour que vous ne cessiez de nous secourir. Oh! ici, à vos pieds, j'aime à redire la prière de votre dévot saint Bernard. Oui, *Souvenez-vous!* Souvenez-vous de mes misères, souvenez-vous du testament qui vous a donnée pour Mère à la pauvre humanité! C'est par vous que les coupables obtiennent leur pardon, les infirmes leur guérison, les affligés la consolation, et ceux qui sont en danger le secours et la délivrance. A tous ces titres, je vous appelle à mon aide, ô Marie, et je me consacre à vous pour la vie et jusqu'à la mort. — Ainsi soit-il.

MANUEL DES PÈLERINS

Prière à la Très Sainte Vierge
Composée par le Vénérable Curé d'Ars (1)

O vous, très sainte Vierge Marie, qui êtes debout, à tous les instants, devant le trône de la très sainte Trinité, et à qui il est permis de prier pour moi dans tous les temps, souvenez-vous de moi à toutes les heures auprès de votre tout aimable Fils. Priez pour moi toutes les fois que j'en aurai besoin, assistez-moi, combattez pour moi, remerciez pour moi et obtenez-moi le pardon de tous mes péchés. Assistez-moi surtout à ma dernière heure, et lorsque je ne pourrai plus donner aucun signe raisonnable, alors, encouragez-moi, faites le signe de la Croix pour moi, aspergez-moi d'eau bénite, combattez pour moi le méchant ennemi. Professez en mon nom la croyance du chrétien; donnez-moi un témoignage de la sanctification de mon âme, et faites que je ne désespère jamais de la miséricorde de Dieu. Aidez-moi à surmonter le méchant ennemi, et lorsque

(1) Reçue de la main du vénérable M. Vianney, avec recommandation de la propager, cette prière a été publiée pour la première fois par le R. P. Dom Piolin dans sa Monographie de *Notre-Dame du Chêne.*

e ne pourrai plus dire : « Jésus, Marie, Joseph ; *mon Dieu, je remets mon âme entre vos mains,* » dites-le pour moi, et lorsque je ne pourrai plus entendre les consolations humaines, alors consolez-moi. Ne vous éloignez pas de moi que je n'aie soutenu mon jugement, et si jamais je suis obligé d'expier mes péchés dans le feu du Purgatoire, oh! priez instamment pour moi, et inspirez-moi afin qu'ils me fassent bientôt partager la sainte vue de Dieu. Diminuez ma peine, délivrez-moi bientôt et conduisez mon âme dans le Ciel avec vous, pour que, uni à tous les élus, je puisse y bénir et y louer mon Dieu et vous-même durant toute l'éternité. — *Amen.*

UNION DE PRIÈRES

AU

SAINT SACRIFICE DE LA MESSE

Au commencement de la Messe

Seigneur, faites-moi la grâce d'entrer dans les dispositions que vous demandez de moi pour vous offrir dignement, avec le prêtre, cet adorable Sacrifice.

Au Confiteor

Vous n'avez pas besoin de ma confession, ô mon Dieu! Vous lisez dans mon cœur toutes mes iniquités. Je vous les confesse, néanmoins, à la face du ciel et de la terre. J'avoue que je vous ai offensé par pensées, par paroles et par actions, et je vous en demande très humblement pardon. Je suis résolu de mourir plutôt que de vous déplaire.

Le prêtre montant à l'Autel

Le prêtre s'approche de votre Autel, ô mon Dieu ! pour nous réconcilier avec vous. Détruisez, par votre bonté, tous les obstacles qui pourraient retarder cette réconciliation.

Au Kyrie eleison

Ayez pitié de moi, Seigneur, ayez pitié de moi, et quand je vous dirais tous les jours et à tous les moments de ma vie : ayez pitié de moi, ce ne serait pas encore assez pour le nombre de mes péchés.

Aux Oraisons

O mon Sauveur, combien de fois ne vous ai-je pas trahi par mes péchés ! Je viens à vous pour implorer votre miséricorde.

A l'Épître

Vos saintes Ecritures nous apprennent, ô mon Dieu ! que celui qui ne vous aime pas sera condamné à des peines éternelles ; que nous devons nous aimer les uns les autres ; que nous ne serons pas glorifiés avec Jésus-Christ, si nous ne souffrons pas avec lui. Imprimez, Seigneur, ces vérités dans nos cœurs ; faites-nous la grâce de nous y conformer.

Pendant l'Évangile

Vous nous apprenez, Seigneur, dans votre Évangile, que celui qui veut être votre disciple doit renoncer à soi-même ; porter sa croix et vous suivre ; que, pour obtenir la vie éternelle, il faut garder tous vos commandements. Je crois, mon Dieu, toutes ces vérités.

A l'Offertoire

Recevez, ô mon Dieu! cette hostie et ce calice qui doivent être changés au corps et au sang de Jésus-Christ, votre Fils.

A l'Orate fratres

Recevez, Seigneur, ce sacrifice que nous vous offrons par les mains du prêtre, pour notre utilité particulière et pour celle de l'Eglise.

A la Préface

Il est temps, ô mon âme! de nous élever au-dessus de toutes les choses d'ici-bas. Attirez, Seigneur, nos cœurs jusqu'à vous.

Saint, saint, saint est le Dieu que nous adorons, le Dieu des armées.

Avant la Consécration

Ce qui se passe sur l'autel, ô mon Sauveur! me représente ce qui s'est passé sur le Calvaire. La foi m'apprend que c'est moi qui en suis la cause. Oui, Seigneur, ce sont mes péchés qui vous ont immolé à la justice de votre Père.

A l'Élévation

O Jésus, mon Sauveur! vrai Dieu et vrai homme, je crois que vous êtes réellement présent dans la sainte hostie, et je vous y adore. O précieux sang répandu pour la rémission de mes péchés, je vous adore.

Au Pater

Quoique je ne sois qu'une misérable créature, cependant, mon Dieu, je prends la liberté de vous appeler mon Père. Vous le voulez, Seigneur, faites-moi donc la grâce que je ne me rende pas indigne de la qualité de votre enfant. Régnez absolument dans mon cœur, afin que j'accomplisse **votre** volonté sur la terre, comme les saints la font dans le Ciel.

A l'Agnus Dei

Agneau de Dieu, qui effacez les péchés du monde, ayez pitié de nous. *Trois fois.*

Au Domine non sum dignus

Seigneur, je ne suis pas digne que vous entriez en moi ; dites seulement une parole, et mon âme sera guérie. *Trois fois.*

A la Communion

Non, mon Dieu, je ne suis pas digne que vous entriez en moi. Que n'ai-je assez de pureté pour vous recevoir tous les jours ! Mais, puisque mes péchés et les embarras de cette vie m'en empêchent, souffrez, au moins, que je vous reçoive d'esprit et de cœur.

A la Bénédiction

Sainte et adorable Trinité, nous vous remercions de la grâce que vous nous avez faite. Daignez avoir pour agréable le Sacrifice que nous venons de vous offrir.

CANTIQUES

Le Pèlerinage à N.-D. des Misères

AIR : *Reviens pécheur*

Reine du Ciel, Mère compatissante,
Nous accourons en ce béni séjour,
Pour implorer ta clémence puissante
Et te vouer un éternel amour.

REFRAIN

Des pèlerins exauce les prières,
Verse sur eux tes maternels bienfaits ;
Nous t'en prions, ô Dame des Misères : 〉 *bis.*
A notre cœur fais retrouver la paix !

Je fus toujours l'enfant de ta tendresse,
Mais plus je suis comblé de tes bienfaits,
Et plus j'éprouve, en l'âme, de tristesse,
Et plus je veux être tien à jamais.

Les ennemis me déclarent la guerre.
Mon cœur frémit à l'aspect des combats ;
Prête l'appui de ton bras tutélaire,
Prête ta force à mon débile bras.

Si je pouvais, infidèle et volage,
Un seul instant cesser de te chérir,
Tranche mes jours, sans tarder davantage ;
Je t'en conjure, ah ! laisse-moi mourir !

Anges, soyez témoins de ma promesse,
Cieux écoutez mon serment solennel !
Oui, c'en est fait, mon cœur plein de tendresse
Jure à Marie un amour éternel.

Appel à Marie

REFRAIN

Au secours! Vierge Marie,
Hâte-toi, viens sauver mes jours!
C'est ton enfant qui t'en supplie,
Vierge Marie, sauve mes jours!
Vierge Marie,
Au secours! au secours!

O Mère pleine de tendresse,
Vers toi les pauvres matelots
Lèvent les yeux dans la détresse,
Et soudain tu calmes les flots.

Egaré sur la mer du monde,
Mon esprit vole loin du port;
En écueils elle est si féconde;
Hélas! quel sera donc mon sort?

Déjà de lugubres nuages
Se déroulent au sein des airs;
Par leur souffle les noirs orages
Ont soulevé les flots amers.

Tu le vois, ma frêle nacelle
Est le jouet de l'ouragan :
Marie, étends sur moi ton aile;
Sauve-moi, je suis ton enfant!

Il m'en souvient, sainte patronne,
Mille fois tu sauvas mes jours,
N'entends-tu pas? la foudre tonne,
Au secours! Marie au secours!!!

Parais, étoile salutaire;
Chasse les ombres de la mort.
Que ta bienfaisante lumière
Me montre le chemin du port.

Le Memorare de saint Bernard

REFRAIN

Souvenez-vous, ô tendre Mère,
Qu'on n'eût jamais recours à vous
Sans voir exaucer sa prière,
Et dans ce jour exaucez-nous.

Des siècles écoulés j'interroge l'histoire :
Pour dire ses bienfaits ils n'ont tous qu'une voix.
Verrai-je en un seul jour s'obscurcir tant de gloire ?
L'invoquerai-je en vain pour la première fois ?

Marie aux vœux de tous prêta toujours l'oreille ;
Le juste est son enfant ; il peut tout sur son cœur :
Mais auprès du pécheur nuit et jour elle veille :
Il est son fils aussi, l'enfant de sa douleur.

Et moi, de mes péchés, traînant la lourde chaîne,
Vierge sainte, à vos pieds j'implore mon pardon.
Me voici tout tremblant, et je n'ose qu'à peine,
Lever les yeux vers vous, prononcer votre nom.

Mais quoi ! je sens mon cœur s'ouvrir à l'espérance !
Il retrouve la paix, il palpite d'amour :
Je n'ai pas vainement imploré sa clemence,
La mère de Jésus est ma mère en ce jour.

Mes vœux sont exaucés, puisque j'aime ma mère,
Et que d'un feu si doux je me sens enflammé ;
Je dirai donc aussi que, malgré ma misère,
Son cœur m'a répondu, quand je l'ai réclamé.

Je n'ai plus qu'un désir à former sur la terre :
O ma Mère ! mettez le comble à vos bienfaits.
Que j'expire à vos pieds et dans ce sanctuaire,
Si je ne dois au ciel vous aimer à jamais.

Supplications à Marie

Vierge clémente,
Compatissante,
Du malheureux
Entends les vœux.

REFRAIN

Calme l'orage,
Et du rivage
Permets l'abord ;
Ouvre-moi le port.

La mer est sombre,
La foudre, l'ombre,
Jettent mon cœur
Dans la frayeur.

O honne Mère !
Sois ma lumière,
Chasse la nuit
Qui me poursuit.

Dans la tourmente,
L'onde écumante
Va m'engloutir ;
Je vais périr.

Viens, ô Marie !
Je t'en supplie,
Me protéger
Dans le danger.

Divine étoile,
Guide ma voile ;
Oh ! montre-toi
Toujours à moi.

Fais que j'arrive
Sur cette rive,
Au doux séjour
Du saint amour.

Confiance en la Mère de douleurs

Souvenez-vous, Vierge Sainte, ô Marie !
De tous les maux qui pèsent sur mon cœur.
Qui fut jamais délaissé dans la vie,
En vous priant, refuge des pécheurs ?

Souvenez-vous, ô tendre Mère !
De ce grand, de cet heureux jour,
Où votre fils, sur le Calvaire,
Nous légua tous à votre amour.
Vierge, la timide innocence,
Cesse de craindre à vos genoux.
Du pécheur soyez l'espérance ;
Il se repent, souvenez-vous.
Souvenez-vous, souvenez-vous.

A vos genoux, je gémis, je soupire,
Ah ! vers mon Dieu, daignez guider mes pas.
Je suis pécheur, laissez-moi vous le dire,
Je suis pécheur, ne m'abandonnez pas.

O doux espoir ! n'êtes-vous pas la Mère
Du Dieu clément qui fut mon Rédempteur ?
Écoutez-donc, écoutez ma prière,
Je vous devrai mon pardon, mon bonheur.

A Notre-Dame du Purgatoire

Languentibus in Purgatorio
Qui cremantur adore nimio,
Et torquentur gravi supplicio.
Subveniat tua compassio,
    O Maria !

Fons es patens quæ culpa abluis ;
Omnes lavas et nullum respuis :
Manum tuam extende mortuis
Qui sub pœnis languent continuis.
    O Maria !

Ad te pia, suspirant mortui,
Cupientes de pœnis erui.
Et adesse tuo conspectui.
Æternisque gaudiis perfrui,
O Maria !

Clavis David, quæ cœlum aperis.
Nunc beata, succurre miseris
Qui tormentis torquentur asperis;
Educ eos de domo carceris,
O Maria !

Lex justorum, norma credentium,
Vera salus in te sperantium,
Pro defunctis sit tibi studium
Assidue orare Filium,
O Maria !

Benedicta, per tua merita
Te rogamus; mortuos suscita,
Et dimittens eorum debita,
Ad requiem sis eis semita,
O Maria !

Dans les prisons où, juste en ses fureurs,
Un feu divin fait sentir ses ardeurs,
De ces captifs dévoués aux rigueurs,
Que ta pitié soulage les douleurs,
O Maria !

Source très pure ouverte aux pénitents,
Espoir si doux des pécheurs repentants,
Étends la main vers ces goulfres fumants,
Séjour affreux d'indicibles tourments,
O Maria !

Tournés vers toi. nos frères malheureux
Font retentir leurs accents douloureux;
Arrache-les à ces terribles feux;
Découvre-leur ton aspect gracieux.
O Maria !

Clef de David, que le triste séjour
De ces captifs soit ouvert en ce jour;
A leur supplice arrachés sans retour.
Qu'au ciel enfin les place ton amour,
O Maria !

Règle du juste, appui de notre foi,
Sauve tes fils, ils n'espèrent qu'en toi;
Pour nous, enfants de la nouvelle loi,
Sois l'avocate auprès du divin Roi !
O Maria !

Vierge bénie — au nom de tes vertus —
Daigne, ò ma Mère, ò Reine des élus,
Rendre la vie à ceux qui ne sont plus;
Sois le sentier qui les mène à Jésus.
O Maria !

Offrande à Marie

REFRAIN

Bonne Marie,
Mère chérie,
Tu veux que je sois ton enfant.
Bonne Marie,
Mère chérie,
Je le suis et j'en fais le serment.

Du ciel à mon âme ravie,
J'entends redire à tout instant :
Mon fils seras-tu de Marie,
Pour jamais seras-tu l'enfant?

Pour toi mon amour est sincère,
Pour moi le tien l'est-il autant?
Moi, je t'aime comme une Mère,
Toi, m'aimes-tu comme un enfant?

Et quand un jour à la lumière
Se fermera ton œil mourant,
Ne crains pas que ta bonne Mère
Abandonne alors son enfant.

Conduit par moi dans la patrie
Où l'éternel bonheur t'attend,
Tu t'écrieras : « Oh ! de Marie,
« Oh ! qu'il est doux d'être l'enfant. »

Adieux à Marie

Il faut quitter le Sanctuaire
Où j'ai retrouvé le bonheur ;
Mais je veux auprès de ma Mère,
Je veux ici laisser mon cœur.

REFRAIN

Je pars : Adieu, Mère chérie ;
Adieu, ma joie et mes amours!
Toujours je t'aimerai, Marie,
Toujours.

J'avais le cœur si plein de larmes,
Quand j'approchai de ton autel !
Mais tu mis fin à mes alarmes
Par un seul regard maternel.

Je vis reluire l'espérance
Sitôt que je fus devant toi ;
Ton cœur toujours plein de clémence
Au cœur de Dieu parla pour moi.

Tu répondis à ma prière
Par un regard du haut des cieux ;
Et tu me dis : je suis ta Mère ;
Toujours sur toi j'aurai les yeux.

Oui, je le sais ; au moment même
Où je priais à ton autel,
Ton cœur disait : « Enfant que j'aime,
« Tu m'aimeras un jour au ciel. »

Ah ! je voudrais, Vierge fidèle,
Rester toujours à tes genoux
Jusqu'à ce que la mort m'appelle !
Mourir ici serait si doux !

Stabat

Stabat Mater dolorosa
Juxta Crucem lacrymosa,
Dum pendebat Filius.

Cujus animam gementem,
Contristatam et dolentem
Pertransivit gladius.

O quam tristis et afflicta
Fuit illa benedicta
Mater Unigeniti !

Quæ mœrebat et dolebat,
Pia Mater, dum videbat
Nati pœnas inclyti.

Quis est homo qui non fleret
Matrem Christi si videret,
In tanto supplicio ?

Quis non posset contristari,
Christi Matrem contemplari
Dolentem cum Filio ?

Pro peccatis suæ gentis
Vidit Jesum in tormentis,
Et flagellis subditum.

Vidit suum dulcem natum
Moriendo desolatum,
Dum emisit spiritum.

Eia, Mater, fons amoris.
Me sentire vim doloris
Fac, ut tecum lugeam.

Fac ut ardeat cor meum
In amando Christum Deum,
Ut sibi complaceam.

Sancta Mater, istud agas,
Crucifixi fige plagas,
Cordi meo valide.

Tui Nati vulnerati,
Tam dignati pro me pati,
Pœnas mecum divide.

Fac me tecum pie flere,
Crucifixo condolere,
Donec ego vixero.

Juxta crucem tecum stare,
Et me tibi sociare,
In planctu desidero.

Virgo virginum præclara,
Mihi jam non sis amara;
Fac me tecum plangere.

Fac ut portem Christi mortem.
Passionis fac consortem,
Et plagas recolere.

Fac me plagis vulnerari.
Cruce fac inebriari
Et cruore Filii.

Flammis ne urar succensus,
Per te, Virgo, sim defensus
In die judicii.

Christe, cum sit hinc exire,
Da, per Matrem, me venire,
Ad palmam victoriæ

Quando corpus morietur.
Fac ut animæ donetur
Paradisi gloria. — Amen.

Magnificat

Magnificat * anima mea Dominum :

Et exsultavit spiritus meus* in Deo salutari meo.

Quia respexit humilitatem ancillæ suæ : * ecce enim ex hoc beatam me dicent omnes generationes.

Quia fecit mihi magna qui potens est, * et sanctum nomen ejus.

Et misericordia ejus a progenie in progenies * timentibus eum.

Fecit potentiam in brachio suo : * dispersit superbos mente cordis sui.

Deposuit potentes de sede, * et exaltavit humiles.

Esurientes implevit bonis, * et divites dimisit inanes.

Suscepit Israel puerum suum, * recordatus misericordiæ suæ.

Sicut locutus est ad patres nostros, Abraham et semini ejus in sæcula.

Gloria Patri.

Salve Regina

Salve, Regina, Mater misericordiæ, vita, dulcedo et spes nostra, salve. Ad te clamamus, exsules filii Evæ. Ad te suspiramus, gementes et flentes in hac lacrymarum valle. Eia ergo, advocata nostra, illos tuos misericordes oculos ad nos converte. Et Jesum benedictum fructum ventris tui, nobis post hoc exsilium ostende. O clemens, o pia, o dulcis Virgo Maria !

Ave Maris Stella

Ave, maris stella,
Dei Mater alma,
Atque semper virgo,
Felix cœli porta.

Sumens illud ave
Gabrielis ore,
Funda nos in pace,
Mutans Evæ nomen.

Solve vincla reis,
Profer lumen cæcis,
Mala nostra pelle,
Bona cunta posce.

Monstra te esse matrem,
Sumat per te preces,
Qui pro nobis natus,
Tulit esse tuus.

Virgo singularis,
Inter, omnes mitis,
Nos culpis solutos,
Mites, fac et castos.

Vitam præsta puram,
Iter para tutum,
Ut videntes Jesum,
Semper, collætemur.

Sit laus Deo Patri,
Summo Christo decus,
Spiritui santo,
Tribus honor unus. Amen.

Sancta Maria

Sancta Maria, succurre miseris, juva pusillanimes, refove flebiles, ora pro populo, interveni pro clero, intercede pro devoto femineo sexu : sentiant omnes tuum juvamen, quicumque celebrant tuam sanctam festivitatem.

Inviolata

Inviolata, integra et casta es, Maria,
Quæ es effecta fulgida cœli porta.
O mater alma Christi carissima !
Suscipe pia laudum præconia,
Quæ nunc devota flagitant corda et ora,
Nostra ut pura pectora sint et corpora.
Tua per precata dulcisona,
Nobis concedas veniam per sæcula.
O benigna ! o Regina ! o Maria !
Quæ sola inviolata permansisti. Amen.

Sub tuum

Sub tuum præsidium confugimus, sancta Dei Genitrix; nostras deprecationes ne despicias in necessitatibus, sed a periculis cunctis libera nos semper, Virgo gloriosa ct benedicta.

Prière de saint Bernard à la Sainte-Vierge

Memorare, o piissima Virgo Maria! non esse auditum a sæculo, quemquam ad tua currentem præsidia, tua implorantem auxilia, tua petentem suffragia, esse derelictum. Ego tali animatus confidentia, ad te, Virgo virginum, Mater curro; ad te venio, et coram te gemens peccator assisto. Noli, Mater Verbi, verba mea despicere, sed audi propitia, et exaudi. Amen.

Souvenez-vous, ô très miséricordieuse Vierge Marie, qu'on n'a jamais ouï dire qu'aucun de ceux qui ont eu recours à votre protection, imploré votre secours et demandé vos suffrages, ait été abandonné. Animé d'une pareille confiance, ô Vierge des vierges! je cours à vous, et, gémissant sous le poids de mes péchés, je me prosterne à vos pieds. O Mère du Verbe! ne méprisez pas mes prières, mais écoutez-les favorablement, et daignez les exaucer. Ainsi soit-il.

TABLE

NOTICE DU SANCTUAIRE

MANUEL DES PÈLERINS

NOTRE DAME